Über die Autorin:

Christina de Groot wurde in Hamburg geboren. Nach einem mehrjährigen Aufenthalt in Italien beschloss sie, fortan als Schriftstellerin zu leben.
Ihre Geschichten sind stets mit großer Phantasie und einer besonderen Liebe zum Wort geschrieben. Es sind Geschichten, die aus dem tiefsten Herzen kommen und zutiefst im Herzen berühren.

Christina de Groot ist Autorin der Bestseller „Der sehr hohe Zaun", „Die Zaubertinte" sowie „Die Pilzbibliothek". Außerdem sind von ihr erschienen: „Die kleine Pfütze", „Die kleine Spinne, die noch übte", „Die kleine Ameise und der Teppich", „Detektiv Schnüffel & Co.", „Die kleine Prinzessin und das Rotkehlchen", „Woher der Computer seinen Namen hat" sowie die Abenteuer von „Willi Hummel" und die „Willi, die Europahummel"-Reihe.

Christina de Groot

Jimmie Bohne

Das große Abenteuer einer kleinen Kaffeebohne

Bibliografische Information der Deutschen Nationalbibliothek:
Die Deutsche Nationalbibliothek verzeichnet diese Publikation in der Deutschen
Nationalbibliografie; detaillierte bibliografische Daten sind im Internet über http://
dnb.dnb.de abrufbar.

© 2021 Christina de Groot
Umschlagbilder: Christina de Groot
Herstellung und Verlag: BoD - Books on Demand, Norderstedt
ISBN: 978-3-7519-4924-8

Christina de Groot

Jimmie Bohne

Das große Abenteuer einer kleinen Kaffeebohne

Für alle Kaffeebohnen, die uns so viel Freude schenken!

„Mmmh, wie lecker!"

„Köstlich!"

„Ich liebe es!"

Immer wieder hörte Jimmie solche oder ähnliche Sätze.

Sobald die Menschen eine Tasse Kaffee in der Hand hielten, begannen sie zu lächeln. Manche schlossen dabei die Augen. Und immer wieder hörte Jimmie die Freude in den Stimmen.

„Dieser Duft! Himmlisch!"

„Schöööööön!"

„Wun-der-bar!"

Kaffee musste wirklich etwas ganz besonders Schönes sein!

„Zu mir hat noch nie Jemand so Etwas gesagt." dachte Jimmie.

Er dachte nach.

„Luisa?" sagte er nach einer Weile zu der Kaffeebohne neben sich. „Wie wird man eigentlich Kaffee?"

Luisa schaute ihn erstaunt an. „Ich glaube, das geht ganz von allein! Du musst gar nichts machen!"

„Aber wie soll DAS denn gehen???"

„Ich habe mal eine Frau gehört, die hat erzählt, wie Kaffee gemacht wird." antwortete Luisa.

Jimmie spürte, wie Aufregung von ihm Besitz ergriff. „Und??? Was hat sie gesagt? Wie geht das?"

„Nun ja, soviel ich verstanden habe, werden wir Kaffeebohnen so, wie wir sind, in Etwas hineingetan und kommen als Kaffeepulver wieder heraus."

Jimmie erschrak. „Aber, aber…tut das nicht weh?"

„Ich glaube nicht." antwortete Luisa. „Die Frau hatte eine ganz nette Stimme und hat so freundlich erzählt.

Ich glaube ja, dass es einfach von alleine geht und wir nichts machen müssen. Wir werden einfach verwandelt!

Vielleicht ist es nur unangenehm, wenn man das nicht will und dagegen ankämpft."

„Aber…" Jimmies Aufregung war Verunsicherung gewichen. „Wie soll DAS denn gehen, ohne dass es weh tut? Ich meine: verwandelt werden?"

„Das kann ich Dir auch nicht sagen!" antwortete Luisa. „Ich kann Dir nur sagen, dass ich mich darauf freue!"

„Echt jetzt?" Jimmie schaute Luisa bewundernd an.

„Vielleicht ist es dunkel da drin, wo wir verwandelt werden und vielleicht auch laut. Und vielleicht werden wir hin und her geworfen. Aber vielleicht ist das auch ganz aufregend!" Luisa lachte.

„Du hast echt ein Abenteurerherz, Luisa!" sagte Jimmie. „Wenn es soweit ist, möchte ich gerne mit Dir zusammen da rein!"

Luisa lachte wieder. „Vielleicht sind wir dann dasselbe Kaffeepulver!"

Die Vorstellung gefiel ihr.

„Und was passiert dann mit dem Kaffeepulver?"

„Daraus wird dann der Kaffee gemacht." antwortete Luisa.

„Und wie?"

„Mit heißem Wasser."

Jimmie glaubte, sich verhört zu haben. „Hei-ßes Was-ser?"

Luisa nickte.

„Aber - das tut doch weh!" rief Jimmie. Er hatte auf einmal ganz und gar keine Lust mehr auf das Ganze.

„Das Kaffeepulver verbindet sich mit dem heißen Wasser." erklärte Luisa. „Und dadurch entsteht der Kaffee! Das, worüber sich die Menschen so freuen!"

„Aber…dann bin ich am Ende ja ganz weg! Verschwunden!" Jimmies Verunsicherung hatte sich in Entsetzen verwandelt.

„Ich will kein Kaffee werden, Luisa!" flüsterte er.

„Ach, Jimmie!" sagte Luisa mit sanfter Stimme. „Du verschwindest doch nicht! Du verwandelst Dich nur wieder! Ich finde das sooo faszinierend!"

„Hast Du denn gar keine Angst, Luisa?"

„I wo! Ich freue mich auf das Abenteuer!"

Jimmie schaute sie ungläubig an.

„Ich finde es sowas von toll, dass ich nicht mein ganzes Leben nur als Kaffeebohne verbringe, sondern mich verwandeln kann!" Luisa sprühte vor Begeisterung. „Stell Dir das mal vor, Jimmie: Wir Beiden zusammen als Kaffeepulver! Wie sich das wohl anfühlt?!"

Täuschte Jimmie sich oder hatte Luisa ihm eben zugezwinkert?

„Und dann wird daraus Kaffee!" rief Luisa. „Wieder was ganz Anderes! Wie cool ist DAS denn?!"

Jimmie wusste nicht, was er sagen sollte. Einerseits war er neugierig darauf, wie es wohl sein würde, Kaffee zu sein. Andererseits hatte er mächtig Bammel davor, zu Kaffee zu werden! Wie machte Luisa das nur, dass sie keine Angst hatte?

Sie konnten doch noch nicht einmal entscheiden, wann alles passierte!

„Luisa…" begann Jimmie vorsichtig.

„Ja, Jimmie?"

„Können wir da eigentlich irgendwas dran drehen, wann wir zu Kaffeepulver werden?"

Jimmie fand die Frage irgendwie unheimlich, und er vermutete, dass Luisas Antwort ihn auch nicht unbedingt fröhlicher machen würde.

„Ich glaube nicht." antwortete Luisa denn auch.

Er hatte es befürchtet.

„Wenn der Zeitpunkt gekommen ist, dann geht es los." sagte Luisa.

Jimmie seufzte.

„Heute wird es wohl allerdings eher nichts mehr." sagte Luisa. „Sieh nur, sie machen bereits das Licht aus, und gleich schließen sie die Tür zu. Das Café ist auch schon ganz leer. Na, dann vielleicht morgen!"

„Morgen…" dachte Jimmie. „Jetzt, wo ich weiß, was mit mir passieren wird, werde ich heute Nacht mit Sicherheit keine Minute schlafen können!"

Dabei hatte er die Nächte immer so geliebt: Wenn es dunkel war im Café und ganz still, und er sich zwischen all den anderen Kaffeebohnen so geborgen gefühlt hatte!

Aber nun wusste er, dass es damit ein Ende hatte. Hätte er bloß nicht gefragt!

Vielleicht konnte er sich in der Nacht, wenn all' die anderen Kaffeebohnen schliefen, nach und nach ein Stückchen nach unten schieben, weg von der Öffnung.

Aber dann würde er den Kontakt zu Luisa verlieren. Sie würde sich mit Sicherheit nicht weiter nach unten schieben, ganz im Gegenteil! Sie konnte es ja kaum erwarten, dass es los ging!

„Owei, owei, owei!" dachte Jimmie. „Was mache ich denn nur???"

Gleich darauf war er eingeschlafen.

.....Er träumte von einer riesengroßen Maschine, in der Millionen von Kaffeebohnen waren. Sie wurden alle hin und her geworfen, so schnell, dass Jimmie schon vom Hinsehen ganz schwindelig wurde.

Im nächsten Augenblick wurde auch er in die riesige Maschine geworfen. Ein Ohren betäubender Lärm umgab ihn. Gleich würde er zu Kaffeepulver werden! Und dann würde es ihn nicht mehr geben! Jimmie, die Kaffeebohne, war dann Geschichte! Er begann zu zittern.....

Jemand berührte ihn sanft an der Seite. Er hörte seinen Namen.

„Jimmie!" flüsterte eine vertraute Stimme neben ihm. „Wach auf!"

Jimmie erwachte. „Luisa? Bist DU das? Du bist noch da?"

„Wo soll ich denn sonst sein?" antwortete Luisa. „Hast Du schlecht geträumt, Jimmie?"

Jimmie nickte. Er war den Tränen nahe. „Oh, Luisa! Ich hab' solche Angst davor, Kaffeepulver zu werden!"

„Ach, Jimmie! Ich bin doch bei Dir! Wenn ich Dich doch nur davon überzeugen könnte, dass es ganz bestimmt ein riesengroßes Abenteuer wird!"

„Meinst Du wirklich?"

„Aber ja, Jimmie! Wir werden ganz bestimmt viel Spaß haben!"

„Spaß?" Jimmie war sich da nicht so sicher.

„Ja - Spaß! Du und ich, wir Beide!" Luisa strahlte ihn an. „Vertrau' mir, Jimmie! Es wird toll werden!"

*****

Einige Stunden später ging das Licht im Café an.

Luisa hatte eine Vorahnung, aber sie sagte es vorsichtshalber nicht. Sie wollte Jimmie nicht beunruhigen.

Eine der Besitzerinnen des Cafés schaute in die große Dose, in der das Kaffeepulver aufbewahrt wurde.

„O, fast leer!" rief sie. „Dann werde ich mich gleich mal dran machen und Kaffee mahlen!"

Luisa schaute zu Jimmie. „Ich glaube, es geht los!" sagte sie zu ihm.

„Was geht los?" Jimmie war mit seinen Gedanken woanders gewesen.

„Unser Abenteuer!" Luisa strahlte ihn an.

„Heute?" entfuhr es Jimmie.

„Jetzt!" antwortete Luisa.

Jimmie sah die junge Frau, die auf sie zukam. Er begann zu zittern.

„Ich bin bei Dir!" flüsterte Luisa.

Noch nie zuvor hatte Jimmie eine solche Angst verspürt. Dabei war er doch so neugierig gewesen, wie der Kaffee, den die Menschen so liebten, gemacht wurde!

Luisa schien nach wie vor keinerlei Angst zu haben, also konnte es doch nicht so schlimm sein!

Trotzdem zitterte er.

Und dann ging es auch schon los!

„Juhuuu!" rief Luisa. „Unser Abenteuer beginnt!"

Jimmie wurde schwindelig.

Er versuchte, sich irgendwo festzuhalten, aber das war nicht möglich. Alles um ihn herum war in Bewegung.

Gleich darauf ging es im freien Fall nach unten. Es rauschte laut und überall machte es: „Plock! Plock! Plock! Plock! Plock!"

Im nächsten Moment machte auch Jimmie „Plock!", als er auf den Kaffeebohnen unter ihm landete.

Neben ihm landete Luisa. „Hey, Jimmie!" rief sie, so laut sie konnte.

Jetzt machte es über ihnen „Plock! Plock! Plock!".

Dann war es plötzlich still.

„Wenn es jetzt gleich losgeht", sagte Luisa, „dann denk' immer daran, dass wir nicht verschwinden, sondern uns nur verwandeln!"

Jimmie wollte gerade antworten, als ein lautes Dröhnen das ganze Gefäß erfüllte. Er versuchte, Etwas zu erkennen, aber das Einzige, was er mitbekam, war ein starkes Rütteln und ein Gefühl, das er nicht beschreiben konnte.

Dann war auch schon Alles vorbei.

„Hä?" dachte er.

Um ihn herum war es dunkel. Alles fühlte sich weich und leicht an.

„Wie ist das möglich?" flüsterte er.

„Jimmie?"

„Luisa? Bist Du das?"

Luisas vertrautes Lachen erklang. „Ich hab' Dir doch gesagt, wir verschwinden nicht!"

„Sind wir denn jetzt schon - Kaffeepulver???" fragte er.

„Ja, das sind wir!" antwortete Luisa.

„Cool!" flüsterte Jimmie. „Es fühlt sich gar nicht schlimm an! Im Gegenteil: Irgendwie sogar schön!"

„Siehst Du?" Jimmie fühlte Luisas Lächeln.

„Und wann geht es weiter?" fragte er.

„Das kann ich Dir nicht sagen!" antwortete Luisa. „Aber ich vermute, es dauert nicht mehr lange!"

Es klackte laut, dann wackelte es, und gleich darauf hatte Jimmie das Gefühl, als flöge er.

Dann war es wieder ruhig.

„So, die Dose ist wieder voll!" rief die junge Frau. „Dann kann der Tag ja anfangen!"

Jimmie hörte Stimmen. Menschen kamen in das Café. „Gleich bestellen sie Kaffee!" dachte er.

Plötzlich durchfuhr ihn ein Gedanke. „Luisa?"

„Ja, Jimmie?"

„Kommt als nächstes der Teil mit dem heißen Wasser?"

„Ja. Aber auch das wird aufregend, glaub' mir!"

„Das würde ich ja gerne…" flüsterte er. „Aber ich hab' wieder Angst!"

„Jimmie…" begann Luisa.

Sie kam nicht dazu, weiterzusprechen, denn die junge Frau kam auf sie zu.

Dann ging wieder Alles ganz schnell: das durcheinander Wirbeln, das Fliegen, das Landen - und schließlich die Wärme, die Alles in sich aufnahm, das ganze Pulver, jedes einzelne Teilchen!

Jimmie fühlte sich wie auf einer Welle aus wohliger Wärme davongetragen! Wohin, das wusste er nicht. Aber das interessierte ihn auch nicht!

Es war einfach WUNDERSCHÖN!

Da war keine Angst mehr, kein Zittern und kein einziger Gedanke!

„Ich fühle mich, als würde ich nur noch aus Lächeln bestehen!" flüsterte Jimmie.

„Schön, nicht wahr?" Er erkannte Luisas Stimme. Gleichzeitig fühlte es sich so an, als wäre es seine Eigene!

„Das ist es auch!" hörte er. „Wir sind jetzt Eins!"

„Das - ist Kaffee???" flüsterte Jimmie.

„Ja, das ist es!"

„Ich fühle mich so frei!" flüsterte er. „Und gleichzeitig so geborgen! Ganz leicht und gleichzeitig voll da! Wow, ist das schön! Du hast Recht gehabt, Luisa: Es ist TOLL!"

„Nicht wahr?" Das Lächeln der Stimme war überall.

In diesem Moment verstand Jimmie den Zauber von Kaffee! Er verstand, warum die Menschen so wunderbare Dinge darüber sagten! Es war ein Verstehen jenseits von Worten!

Kaffee - das war einfach so viel mehr als das, was er immer geglaubt hatte!

„Danke!" flüsterte er. „Danke für Alles!"

Er war angekommen.

Das Abenteuer war zu Ende!

Ende

Danksagung

Ich bin dankbar, dass es so etwas Wunderbares wie Kaffee gibt! Jeder einzelne Moment des Geniessens ist für mich ein Himmelsgeschenk!

Wer mich kennt, weiß, dass ich vor Allem einen guten Espresso liebe! Schon der Anblick der Crema lässt mich strahlen! Und dann der Duft! Ich atme ihn immer mit geschlossenen Augen ein und muss jedes Mal lächeln!

Dann - der erste Schluck! Genuss pur!

Ich bin dankbar, in der Nähe meines Zuhauses Menschen zu haben, die in ihrem Café einen richtig guten Espresso zubereiten. Sei es in der „Näscherei"[1], im „Café O Fado"[2] oder bei „Il Lago"[3]. Danke Ihr Alle, dass Ihr mir diese für mich so kostbaren Momente ermöglicht: Tennie, Claudi, Jessi, Alexandra, Manuel, Hatice und Simon!

---

[1] Die „Näscherei", Papenhuder Strasse 30, 22087 Hamburg

[2] „Café O Fado", Hofweg 14, 22085 Hamburg

[3] „Il Lago", Mundsburger Brücke 17a, 22087 Hamburg

Dir, Claudi, danke ich außerdem noch für unser fröhliches und inspirierendes Gespräch über Kaffeebohnen vor einiger Zeit (Du erinnerst Dich?) und für die Namensidee „Jimmie Bohne"!

Darüber hinaus bin ich dankbar, dass ich einige Zeit in Italien leben konnte, wo meine Liebe zum Espresso („Un buon caffè!") regelrecht aufgeblüht ist!

Ich bin der Natur dankbar, dass sie so etwas Wunderbares wie Kaffeebohnen hervorbringt!

Ich bin all Denjenigen dankbar, die in den letzten Jahrhunderten dazu beigetragen haben, dass der Genuss von Kaffee ein Teil meines Lebens sein kann!

Und ich bin den Menschen dankbar, die diese Momente immer wieder mit mir teilen, allen voran Niels (Ich liebe Dich, mein Schatz!) und Susan! Schön, dass es Euch gibt!